NOTICE

SUR

L'ABBAYE DE BEAULIEU-LÈS-LOCHES

TOURS. — IMPRIMERIE ERNEST MAZEREAU.

NOTICE

SUR

L'ABBAYE DE BEAULIEU

LEZ-LOCHES

ORDRE DE SAINT-BENOIT

Diocèse de Tours

TOURS

IMPRIMERIE ET LIBRAIRIE ERNEST MAZEREAU

11, passage Richelieu, 11

1868

A

DOM PAUL PIOLIN

Moine Bénédictin

DE L'ABBAYE DE SOLESME.

_____

Mon très-révérend Père,

Je sais à quoi oblige une si haute faveur, mais plein de confiance en vous, dont la bonté égale le savoir, je vous dédie ces lignes conçues à l'ombre du cloître sous les auspices de votre paternelle bienveillance. Ce travail, destiné à retracer l'histoire d'un antique monastère de votre ordre, ne peut mieux paraître que sous l'égide d'un fils de Saint-Benoît.

Je suis avec un profond respect,

Mon très-révérend et très-savant Père,

Votre très-humble et très-obéissant serviteur.

NOBILLEAU.

PRÉFACE.

———

Deus nobis hæc otia fecit
(Virgile, Églogue Ire.)

De nos jours, les études et les recherches historiques occupent un grand nombre d'esprits studieux; nos archives et nos bibliothèques sont l'objet d'investigations incessantes. Si la science s'enrichit de nouvelles découvertes, les documents édités par les Bénédictins jouissent de plus en plus d'une faveur et d'un crédit mérités. Aucune Compagnie n'a eu une organisation plus complète, ni une initiative plus sûre. A eux seuls nous sommes redevables du *Gallia Christiana*, du *Recueil des histoires des Gaules*, de l'*Histoire littéraire de la France*, du *Traité de Diplomatique*. Dans leur sein, une multitude d'hommes érudits ont composé pour nos provinces de précieuses histoires. Dans le vaste plan qu'ils avaient conçu, ils auraient successivement publiés les annales des monastères, les chroniques des villes, les terriers des manoirs. Le temps leur a manqué, mais non le courage. Ils sont tombés, dispersés, la révolution a détruit leur œuvre, anéanti leur destinée. Invincibles, et confiants dans la Providence, leur immense édifice a subsisté, et il est encore pour nous un sujet d'admiration et de reconnaissance.

Les motifs qui m'ont déterminés à publier cette notice, sont contenus dans la dédicace qui précède. Jeune, l'amour des vieilles choses m'a conduit à la porte du Moustier, où les fils de Saint-Benoît renouent la chaîne de leurs glorieuses destinées. J'ai trouvé parmi eux un maître et un ami, un homme dont la haute intelligence est un bienfait pour ceux qui l'approchent. Une heureuse circonstance m'a permis de découvrir le manuscrit autographe de Dom Martial Galand, savant Bénédictin qui nous a conservé les annales du monastère de Beaulieu; je ne pouvais mieux faire qu'en mettant ce travail sous la protection de son savant et pieux successeur.

Solesmes, ce 11 novembre 1867.

NOTICE

SUR

L'ABBAYE DE BEAULIEU-LÈS-LOCHES

ORDRE DE SAINT-FRANÇOIS, DIOCÈSE DE TOURS.

Beaulieu doit toute son importance à son antique Origine et Fondatio abbaye, et aux souvenirs qui s'y rattachent. Ce n'était autrefois qu'un simple village. Choisi par Foulques Nerra, comte d'Anjou, pour y établir un monastère, il se transforma rapidement, et, grâce aux franchises accordées par les abbés, sa prospérité fut constante jusqu'à la guerre de cent ans. Rajeuni par la réforme de Saint-Maur, mais soumis à la commande, il disparut comme tant d'autres dans la tourmente de 1793. Son église, sa belle flèche en pierres du XIe siècle, ses belles prairies et son voisinage de Loches, font de ce lieu l'un des plus beaux sites de la Touraine.

Foulques Nerra avait déjà accompli le pèlerinage de Jérusalem quand il établit l'abbaye de Beaulieu, aussi il voulut perpétuer le souvenir en dédiant l'église à la Sainte-Trinité et au Saint-Sépulcre. Hugues, archevêque de Tours, prié par le comte de consacrer le nouveau sanctuaire, s'y refusa, craignant de perdre la paroisse soumise à sa juridiction. Foulques s'adressa alors au Saint-Siége et supplia le

Pape d'agréer la nouvelle fondation, qu'il acccepta, moyennant une redevance annuelle de trois sols pour l'entretien des lampes de la Confession de Saint-Pierre. L'évêque de Preneste, cardinal et légat du Saint-Siége, se trouvait en France ; le Souverain-Pontife le délégua pour la dédicace qui eut lieu en 1009. Le jour de la consécration, il survint un ouragan si violent qu'il enleva la charpente recouvrant la voûte de l'église, et le clocher s'écroula. Foulques fit aussitôt réparer ces dégâts, mais le clocher ne fut achevé qu'en 1052.

Dans sa charte de fondation, Foulques dota le nouveau monastère de nombreux priviléges et de grands biens, témoin la terre du Plessis, fief situé entre Saint-Branchs et Tauxigny, le fief du Tressort, commune de Dolus. Non content de ces libéralités, il ajouta dans la suite la Châtellenie de la Sarpillières et le prieuré de Scronnes en Anjou. Mort à Metz au retour d'un voyage à Jérusalem, le pieux comte voulut reposer dans sa chère abbaye, où il fut inhumé, en 1040, sous une tombe de forme antique placée près de la fenêtre du transsept méridional. Les religieux célébrèrent ses funérailles en présence de son fils Geoffroy le Barbu, qui fonda à cette occasion le prieuré de Saint-Ours de Loches. Le nécrologue de Beaulieu célébrait son anniversaire le 21 juin.

Armoiries et sceau de l'abbaye. L'abbaye portait : De gueules au Saint-Sépulcre d'argent, d'où sort une fleur de la passion, de même son sceau était d'azur au Saint-Sépulcre d'argent à trois clochers de même, posés de face, au chef d'azur

chargé de trois fleurs de lys d'or, deux en chef et une
en pointe, le tout brisé d'une bordure de gueules.
Cimier, une couronne de baron.

Beaulieu sous les Abbés réguliers

1007-1534

Odon était natif de Touraine, et sa famille était considérable dans le pays. Au moment où Foulques
Nerra lui confia la direction du nouveau monastère,
il était déjà abbé de Saint-Germain, diocèse de
Bourges, et de Saint-Pierre de Moutiers, diocèse de
Nevers. Les actes de sa vie sont perdus; nous igno-
rons ce qui se passa sous son gouvernement.

1007-1064
D'azur à la croix d'[...]
fleuronnée.

Étienne de Beauvais s'occupa surtout d'administrer
les biens de son monastère.

Ce fut sous lui que l'abbaye acquit les églises
de Saint-Symphorien et de Saint-Pierre de Balesmes,
proche la Haye. Cette dernière fut dans la suite
érigée en prieuré. Étienne eut de nombreuses
difficultés, soit avec Étienne, légat du Saint-Siége,
soit avec Raoul, archevêque de Tours, qui contestait
à l'abbaye son privilége de relever de la juridiction
immédiate du Pape.

1064-1074
De gueules à une t[...]
de léopard d'or, ar[...]
chée de même au ch[...]
d'azur, chargé de 3 [...]
settes d'argent.

Raoul était fils de Foulques, seigneur de Langeais.
Tout ce qu'on sait de son administration se réduit à

1074-1086

ses démêlés avec le légat du Pape, qui l'excommunia et le força à quitter momentanément son siége pour avoir méconnu la juridiction de Saint-Martin de Tours. Ce fut lui qui transféra le corps de Saint-Baud, évêque de Tours, de l'église de Verneuil dans la collégiale de Saint-Ours de Loches.

1086-1099
De gueules à la bande d'or, chargée de 3 merlettes de sable.

Pierre, les actes de sa vie étant perdus et les documents faisant défaut, on ignore ce qu'il fit.

1099-1104
Fascé d'argent et de gueules au chef d'azur, chargé de 3 fleurs de lys d'or, posées de face.

Bertrand, son successeur, est omis dans le catalogue des abbés de Beaulieu donné par le *Gallia Christiana*. Le Souverain-Pontife, Pascal II, donna en sa faveur une bulle qui confirmait les donations et priviléges de l'abbaye.

1104-1107
D'or au léopard de gueules armé et lampassé d'or.

Foulques se rendit à Tours, 1106, où le pape Pascal le confirma dans la possession des églises de Notre-Dame de Crouzilles, de Saint-Pierre de Balesmes, de Moussay et de Déols, droit contesté par l'abbaye de Noyers.

1107-1136
De gueules a 10 hermines d'or posées 4, 3, et 1 au chef de sable.

Godefroid est omis également dans le *Gallia Christiana*. Tout ce qu'on sait de lui est que Gilbert, archevêque de Tours, lui permit de bâtir une église à Balesmes sous le vocable de sainte Marie-Magdeleine.

1136-1176
De gueules à 3 mâcles d'or posées 2 et 1.

Girard était prieur de Saint-Pierre de Balesmes quand il fut élu abbé. Sous son administration il obtint une nouvelle bulle du Pape, Innocent III, qui l'exempte de toute juridiction épiscopale, 1173.

Maurice est à peu près inconnu. Tout ce qu'on sait se réduit à ce qu'il fut l'un des signataires de la Charte de fondation de la Chartreuse du Liget.

Michel Ier étant prieur claustral, fit une association de prières avec l'abbaye de Cormery, en 1198, continuée, dans la suite, en 1602. Sous son administration l'abbaye eut beaucoup à souffrir de la guerre survenue entre Richard Cœur-de-Lion et Philippe-Auguste.

Mathieu qui lui succéda eut une assez longue administration, mais ses actes étant perdus, on ignore ce qui se passa.

Hugues Ier est omis dans le catalogue des abbés. Tout ce qu'on sait de lui est que Dreux de Mello, seigneur de Loches, lui accorda le droit de prendre dans la forêt le bois nécessaire pour les réparations urgentes du monastère.

C'est sous l'administration de Jean Ier de Faye que fut érigée en paroisse l'église de Saint-Laurent de Beaulieu. Avant cette érection, le titulaire payait à l'abbaye une rente annuelle de 3 livres tournois, et administrait les sacrements ; un religieux du monastère faisait l'office de curé.

Regnauld qui lui succéda obtint trois bulles pour son abbaye : la première du Pape Alexandre IV, 1254, et les deux autres des Papes Clément IV et Grégoire X, en faveur du prieuré de Balesmes. Il mourut dans le prieuré de Dierre, et fut inhumé dans le chœur, du côté de l'Évangile.

1176-1189
Pallé d'azur et de sept pièces.

1189-1207
De gueules au li[on] dragonné d'or, regardant une étoile du même.

1207-1224
De pourpre à la f[ace] d'or.

1224-1226
D'argent à 3 faces de sable, accompagné de 6 hermines d'argent, posées 3, 2 et 1.

1226-1233
De gueules au li[on] léopardé d'or, armé lampassé de même.

1233-1274
De simple à la face d'or chargée de 3 roses de gueules, posées en face.

1274-1329
De sable à la bande crénelée d'or, chargée d'une face de gueules.

1329-1369
Losangé d'or et de sable au chef d'argent, chargé de 3 besons de sable, posés de face.

1369-1402
D'argent à la tête de faim de gueules couronnée d'or.

1402-1442
Écartelé aux 1ᵉʳ et 4ᵉ. D'argent au roi de sable, aux 2ᵉ et 3ᵉ. De sable au roi d'argent. Sur le tout d'azur, à une fleur de lys d'or.

Michel II de Valory fut celui qui administra le plus longtemps l'abbaye, et cependant son nom ne se trouve mentionné dans aucun catalogue des abbés de Beaulieu, mais seulement dans une permutation concernant Joseph du Plessis, religieux de l'abbaye qui avait en bénéfice le prieuré de Péral, province d'Auvergne, en 1313.

L'administration de Jean II est entièrement inconnue. Tout ce qu'on sait, est qu'il paya sa quote-part pour la rançon du roi Jean, 1359, et la taxe imposée par le Pape Urbain V à tous les monastères bénédictins pour les réparations de l'abbaye du Mont-Cassin, en Italie.

Guillaume de Villars était natif de Beaulieu. Agé de 28 ans et prieur de Saint-Laurent de Langeais quand il fut appelé à l'abbatiat, son administration n'offre rien d'important; il mit tout son soin à réparer les dégâts que la guerre avait causés à son abbaye. Mort en 1402, il fut enterré dans le sanctuaire de l'église abbatiale, du côté de l'Évangile.

Guillaume de Bernard et André son frère furent successivement abbés de Beaulieu. André l'aîné, élu à l'unanimité, était natif de Dierre et issu d'une famille originaire de Tours. Jean de Bernard, chanoine et chancelier de Saint-Martin, plus tard archevêque de Tours, était leur cousin. En 1405, le Pape Martin V le releva de la censure dont il était frappé, moyennant une amende de 25 florins d'or.

L'armée anglaise forte de huit mille hommes, sous les ordres de Thomas duc de Clarence et de Édouard duc d'York, vint mettre le siége devant Loches, pilla l'abbaye, 1412. L'abbé mis à rançon ne put payer et fut emmené en Angleterre, où il demeura 6 ans, 1418.

Guillaume mourut dans son abbaye le 30 juin 1426, et fut enterré dans le sanctuaire de l'église abbatiale.

Son frère Guillaume obtint une bulle d'Eugène IV confirmant à nouveau les prérogatives de l'abbaye. L'abbé Guillaume mourut à l'âge de 71 ans, 1442, et fut enterré à côté de son frère.

Guillaume Moreau de Beauregard naquit au château de ce nom, paroisse de Ferrières-sous-Beaulieu. Parent des deux abbés de Bernard et issu d'une des plus nobles familles du pays, cela ne le détourna point de se consacrer à Dieu, en 1417. Au moment de son élection, il était prieur de Saint-Pierre de Meusne, diocèse de Bourges. Plein de zèle pour son abbaye, il obtint du Pape Calixte III une bulle accordant un an d'indulgences à quiconque contribuerait de ses deniers à la réparation du monastère. Ce secours lui permit de réparer la nef du côté du midi et de couvrir et lambrisser l'église, 1455. Guillaume mourut dans son abbaye, et fut enterré dans la chapelle du Saint-Sépulcre ; son anniversaire se célébrait le troisième dimanche de la Quadragésime.

Tout ce qu'on sait de l'administration d'Hugues de Poilly se réduit à ce que le Saint-Siége lui concéda le droit, à lui et à ses successeurs, de porter les ornements pontificaux et de donner la bénédiction dans les églises soumises à sa juridiction, 1480, et que l'abbaye de Cormery divisa avec l'abbaye de Beaulieu les dîmes de l'église de Chambourg. Ce fut sous son administration et avec le consentement d'Hélie de Bourdeilles, archevêque de Tours, qu'il rétablit l'office de grand chantre.

Jean III était simple religieux quand il fut élu, son administration fut de courte durée et n'offre rien d'important. Voici son épitaphe :

« Cy git de bonne mémoire Jean III de ce nom, en son vivant abbé de céans, où il trépassa le 27 mai, 1485. »

Cette inscription disparut lors des réparations du pavage de l'église, après le pillage des Huguenots.

Hugues III Fumée, natif de Tours, était frère de Pierre Fumée, receveur des Finances de cette ville et oncle d'Adrien, garde des sceaux et médecin de Charles VIII. Agé de 58 ans quand il devint abbé, il fit confirmer, grâce à l'influence de sa famille les possessions et priviléges de Beaulieu, par l'autorité royale. Son dévouement au temporel du monastère ne lui fit pas négliger les réparations matérielles de l'église. Hugues repose dans la chapelle abbatiale, proche le tombeau de Foulques Nerra.

Hardouin Fumée, cousin du précédent, entre les mains duquel il avait fait profession, était fils d'Adrien Fumée et de Jeanne Pelourde. A sa nomination il était prieur de Saint-Pierre de Seronnes, en Anjou, qu'il avait en bénéfice. Excommunié par le Pape pour ne pas avoir payé la taxe imposée sur son bénéfice, il n'en fut relevé qu'en 1502, mourut à Beaulieu, et fut inhumé dans la chapelle du Saint-Sépulcre, près l'abbé Guillaume Moreau de Beauregard.

Jean IV de Bourdeilles, était simple moine quand il fut nommé abbé. Fils de Bernard de Bourdeilles et d'Anne de Vivonne de la Chataigneraie, il était neveu d'Hélie de Bourdeilles, archevêque de Tours, et oncle du fameux abbé de Brantôme. Ce fut le dernier abbé régulier. Il négligea si fort le temporel de son abbaye que le roi le lui retira. La seule chose qu'il fit fut de réparer les voûtes de l'église et le bas-côté de l'église où est placée l'Épitre. Jean de Bourdeilles mourut à Paris et fut enterré dans l'église des Cordeliers de cette ville.

Beaulieu sous les abbés commandataires

1534-1790

L'abbaye passe sous une administration toute différente de ce qu'elle a été jusqu'ici. L'anarchie et l'abandon va succéder à l'ordre, cela durera jusqu'au moment où la congrégation de Saint-Maur prendra possession du monastère, en 1663. Ce sera une tranquillité, mais jamais les religieux ne pourront reprendre leur ancienne autonomie, et la Révolution française fera disparaître pour toujours ces antiques lieux de science et de piété.

1534-1564
D'argent à deux héros de gueules becquetant un serpent de sinople.

Guillaume de Meyne était prieur de Pérol, en Auvergne, quand le roi le revêtit de cette nouvelle dignité, qui dès lors n'était qu'un bénéfice plus ou moins considérable. Prieur de Saint-Médard de Dierre, en même temps, cet abbé concéda le droit de chasse à son fermier du moulin de l'Aumônerie, vendit son temporel, 1551, au roi Henri II, et reçut la cour à Beaulieu le 18 mai 1560.

1564-1584
D'argent à 2 tierces d'azur, posées en sautoir, accompagnées de 4 merlettes de sable.

Nicolas de Tiercelin était fils d'Adrien de Tiercelin, seigneur de Bresse, fief situé paroisse de Luzillé, en Touraine. Nicolas avait déjà le prieuré de Saint-Geniez de Pérusson, dépendant de l'abbaye de Cormery. Ce fut le premier des abbés commandataires qui remplit des charges profanes; il fut sénéchal de Ponthieu, puis gouverneur de Loches. Son frère Louis possédait en bénéfices les abbayes de Notre-Dame du Lorroux-lez-Saumur, diocèse d'Angers, et celle de Misery-lez-Châtillon-sur-Indre, diocèse de Bourges. A la mort de Louis de Bourbon, cardinal de Vendôme, archevêque de Rouen, Nicolas de Tiercelin, échangea Beaulieu pour la Clarté-Dieu. Sous son abbatiat, François de Valois, duc d'Alençon, se retira au monastère, 1576; la reine vint le trouver, et là se tinrent ces fameuses conférences qui furent pour le prince une augmentation d'apanage.

Comme dans le siècle précédent, deux autres membres de la famille Fumée se succédèrent dans l'abbatiat, je les réunirai sous un même paragraphe, comme j'ai fait pour les deux frères de Bernard et les deux premiers membres de la maison des Fumée.

Nicolas Fumée de la Touche naquit à Paris. Son père, Martin Fumée, était seigneur des Roches-Saint-Quentin-sur-Indrois, et sa mère Martine d'Alais. Martin Fumée était déjà évêque de Beauvais, abbé de la Couture, diocèse du Mans, quand le roi le nomma à l'abbaye de Beaulieu. Mort à Chartres le 28 mars 1592, il fut enterré dans le caveau de sa famille, en l'église des Roches-Saint-Quentin, sous les marches du grand autel.

1584-1592

D'or à la croix cantonnée de 4 chefs de gueules posées en pal, maître des requêtes.

Guy Fumée de la Roche, son neveu, qui lui succéda, était fils d'Antoine Fumée, seigneur de la Roche-Belièvre, conseiller, maître des requêtes, et de Claudine Binet; nommé par le roi, il résigna en 1628, en faveur de François de Saint-Pastour-de-Salvern, et mourut à Loches en 1637.

1592-1623

D'azur à deux faces d'or, chargées de 6 besons d'argent, posés 3, 2 et 1.

François de Saint-Pastour-de-Salvern naquit dans la religion réformée, abjura ainsi que son père Gilles de Saint-Pastour, seigneur de Salvern en Angoumois, gouverneur de Loches, 1577-1603. Sa mère se nommait Charlotte de Stouary. C'est par l'influence de son père qu'il eut cette abbaye, ayant déjà Notre-Dame de Landais au diocèse de Bourges. François résigna, 1632, en faveur de

1623-1632

D'azur à une aigle d'argent tenant en son bec une cloche de même.

Louis de Nogaret, cardinal de la Valette, fils de Jean-Louis de la Valette, duc d'Épernon et de la Valette, et de Marguerite de Foix, comtesse de Candale et d'Astarac. Dès l'âge de deux ans, il était prieur de Saint-Sulpice de Meaux, bénéfice qu'il rési-

1632-1639

D'argent au noyer de sinople.

gna en devenant abbé de Beaulieu; archevêque de Narbonne et de Toulouse, sans avoir jamais été clerc, il résigna tous ses bénéfices en 1639, et embrassa le métier des armes. Louis de Nogaret mourut à Rivoli, en Italie. Son corps rapporté en France fut inhumé dans l'église de Saint-Sernin de Toulouse, puis en l'église de Cadillac, où est le tombeau de sa famille.

1639-1671

Aux 1er et 4e, d'azur chargé de deux lions d'or qui est de Voyer aux 2e et 3e. D'argent à la face de sable qui est de Gueffaut.

Louis de Voyer d'Argenson introduisit la congrégation de Saint-Maur dans le monastère, répara l'église qu'il fit recouvrir entièrement, et bâtit le logis abbatial. Louis d'Argenson permuta en 1671, avec Nicolas-le-Roi de Morée, le doyenné canonical de Saint-Germain-l'Auxerrois; il mourut à Paris, en 1694, et fut enterré dans cette église.

1671-1693

D'argent à la bande de gueules chargée de 3 étoiles d'or.

Nicolas-le-Roi de Morée se démit presque aussitôt en faveur de son neveu, Pierre Goulard de Gaillebois; resta cependant titulaire, et fut le seul abbé de la commande qui demeura à l'abbaye. Pendant son administration eut lieu le partage de la Mense en deux parts, l'une pour lui, l'autre pour les religieux, 1679. La part de ces derniers fut si minime qu'ils furent obligés de rapporter 1074 livres pour les frais de leur subsistance. Plein de bienveillance pour le monastère, il donna le tableau du grand autel, où l'on voit ses armoiries à l'un des coins. Dans la suite, Nicolas se retira à Loches, y mourut, et fut inhumé, selon son désir, dans la chapelle du Mont-Carmel, en l'église Saint-André-de-Beaulieu, sous une tombe de pierre sans inscription, proche l'autel, du côté de l'Évangile.

Charles Boileau, l'un des 40 de l'Académie Française, son successeur, fit faire dès son entrée en jouissance de son bénéfice le devis des réparations à exécuter dans l'abbaye, qui monta à 5,828 livres, et se réduisirent du consentement des religieux à 2,000 livres. Le seul acte qu'il fit fut d'obtenir du roi un arrêt qui exemptait l'abbaye du droit de loger les gens de guerre. Il donna deux tableaux représentant l'un le sacrifice d'Abraham, l'autre une Sainte famille. Charles Boileau résida plus souvent à Saintes qu'à Beaulieu, mourut à Paris, et fut inhumé dans l'abbaye de Saint-Victor.

Joseph Quinot, bibliothécaire du collége des Quatre-Nations, fut successivement précepteur des enfants du marquis de Murat et du fils du duc de Saint-Aignan, qui lui procura l'abbaye de Beaulieu. Il donna une cloche en 1705, et concéda à Dom Jacques Souché, prieur claustral, le bénéfice du prieuré de Saint-Martin de Balesmes, proche la Haye. Joseph Quinot se démit de son abbaye, en 1722, en faveur de Simon de Frizon de Blamont, moyennant une pension viagère de 1,500 livres, et mourut à Paris, l'année suivante. Il repose dans la chapelle du collége des Quatre-Nations, maintenant l'Institut.

Simon de Frizon de Blamont était fils de Henri de Blamont, président au parlement de Paris, et de Louise Nicole de la Salle. Sous-diacre, quand il fut nommé à l'abbaye de Beaulieu, il se fit rendre hommage l'année suivante, par tous ses tenanciers, en présence de son père, 1723, et l'acte en fut enregistré par la chambre des Comptes, 1726. Son frère, Armand-Auguste de Blamont, était, à la même époque, abbé commandataire de Notre - Dame de Beaugerais. Toute son administration se réduit dans le don de 600 livres qu'il fit au monastère pour la fonte de trois cloches qu'on plaça dans la tour. Simon de Blamont se démit, en 1745, en faveur de Nicolas Parchappe de Vinay, mais toucha les revenus du temporel jusqu'à sa mort, 1757. Les revenus de la mense abbatiale étaient au xviiie siècle, 1726, de 7,274 livres ; 3,274 livres pour les religieux et de 4,000 livres pour l'abbé commandataire.

Les derniers abbés de Beaulieu furent :

Nicolas Parchappe de Vinay, docteur en Sorbonne, prévôt, sénéchal et chanoine de Reims, était fils de Nicolas Parchappe, écuyer, seigneur de Vinay et des Noyers, et de Marie-Magdeleine Billet.

Pierre Esprit de Chazal.

Philippe Micolon de Blanval.

A partir de cette époque, aucun titulaire ne vint à Beaulieu, et l'abbaye fut administrée par les grands prieurs, tenant la place de l'abbé, et nommés à peu près tous les trois ans par les chapitres généraux de la Congrégation de Saint-Maur. Voici la liste.

Grands-prieurs de Beaulieu

1663-1790

Dom Antoine du Portail, 30 octobre 1663, 25 juin 1666 ;

Dom Charles Turpin, 1666, 17 juin 1672 ;

Dom Nicolas Asselin, 1672, 6 juin 1678 ;

Dom Daniel Billaut, 1678, 27 mai 1684 ;

Dom René Bougauthier, 1684, 20 mai 1690 ;

Dom Louis le Maignen, 1690, 4 juin 1691 ;

Dom Baptiste Girard, 1691, 14 mai 1693 ;

Dom René Bouchereau, 1693, 31 décembre 1693 ;

Dom Joseph Miniac, 1693, 15 juin 1696 ;

Dom Toussaint Courtin, 1696, 14 juin 1699 ;

Dom Joseph - Hyacinthe Coutard, 1699, 25 juin 1705 ;

Dom Bernard Fermest, 1705, 1er juin 1708 ;

Dom Étienne des Champs, 1708, 14 mai 1714 ;

Dom Gatien Mantrot, 1714, 12 juin 1715 ;

Dom Jacques de Maillé, 1715, 6 juin 1718 ;

Dom François Hurault, 1718, 15 mars 1722 ;

Dom René Jeudry, 1722, 6 juin 1723 ;

Dom Bernard Gastin, 1723, 9 juin 1729 ;

Dom Jacques Grassin, 1729, août 1733, réélu, 1733-1736 ;

Dom Étienne Bernard, 1736, 15 juin 1737 ;

Dom Bernard Macquet, 1737, 3 mars 1743 ;

Dom Julien de Bas, 1748, 28 mai 1751 ;

Dom Jacques Bertin, 1751, 6 juin 1757 ;

Dom Nicolas Adam, 1757-1763 ;

Dom François Apuril, 1763-1766 ;

Dom Jean de Lambe, 1766-1772;
Dom Joseph Baron, 1772-1776;
Dom Mathurin Chauveau, 1776-1778;
Dom Urbain Baret, 1778-1781, réélu, 1790.

Droits & Priviléges du monastère de Beaulieu.

Le célèbre fondateur de cette abbaye l'avait dotée de magnifiques priviléges. Nous allons les énumérer les uns après les autres.

Droit de monnoyage.

Ce droit concédé par Foulques Nerra se maintint jusqu'en 1294, époque où Philippe le Bel le supprima. Avant cette époque, leur atelier monétaire était à Loches, et ils payaient au roi, pour ce droit, une rente annuelle de cinq sols. Les monnaies frappées par l'abbaye représentaient : D'un côté, l'image du Saint-Sépulcre et le nom du roi régnant. De l'autre, les armes du comte d'Anjou, avec cette inscription, *Moneta Lochiensis.*

Droit de Pêcher.

L'abbaye jouissait de ce privilége de temps immémorial; il lui fut confirmé en 1403, 1497, 1509-1514. Enfin un arrêt du maître des Eaux-et-Forêts le régla, suivant l'étendue de la pêche, qui allait depuis Châtillon-sur-Indre jusqu'à Azay-le-Chétif.

1° L'abbé, depuis l'embouchure de l'Indre jusqu'à l'arche de Chambourg;

2° L'aumônier, depuis le moulin de l'Aumônerie jusqu'aux fourches patibulaires de Loches;

3° Le chambrier, depuis les fourches patibulaires jusqu'au ruisseau de Carnillé ;

4° Le petit couvent, depuis le ruisseau de Carnillé jusqu'à l'Ile-Auger.

Les abbés avaient le titre de baron, relevant du roi, comme seigneurs du fief de Beaulieu, dépendant du comte de Loches, domaine royal. Ce privilége fut confirmé par François 1er, 1516-1528, par Henri II en 1547, enregistré au parlement en 1549, renouvelé par lettres patentes du roi Charles IX en 1567, puis par le roi Louis XIV, par arrêt du conseil royal, en date du 28 décembre 1684.

Cette baronnie était formée de trois châtellenies, connues sous le nom de fief de Beaulieu. La justice seigneuriale se composait d'un procureur du roi et d'un greffier ; la justice se rendait une fois par semaine, le lundi.

Les trois châtellenies composant cette baronnie étaient :

1° La seigneurie de Trion, située paroisse de Reignac, dépendant pour le temporel de l'abbé de Beaulieu, avait droit de pêche dans l'Indre ;

2° La seigneurie de Malleville, avait une contenance de mille arpents, s'étendait sur les paroisses de Saint-Hippolyte, Saint-Jean, Saint-Martin et Saint-Germain-sur-Indre, avait droit de pêche sur cette rivière pendant tout son cours dans ce fief ;

3° La seigneurie de la Sarpillière, unie dans la suite à la Pitancerie, avait un revenu de 1074 livres, s'étendait sur les paroisses de Pérusson et de Saint-Jean-sur-Vienne. Le manoir seigneurial était de la première commune. Ce fief relevait au temporel du seigneur de Saint-Senoch, à qui il payait le jour de la Saint-Brice, à titre de redevance féodale, 2 boisseaux d'avoine, et à titre de redevance à l'abbaye 217 boisseaux d'avoine, 50 de blé, 12 poulets, 4 boisseaux de seigle.

Prieurés de l'Abbaye.

Tous les prieurés étaient à la présentation de l'abbé, sauf ceux de Saint-Médard de Dierre, dont la nomination appartenait alternativement à Beaulieu et à l'abbé de Saint-Julien de Tours et de Saint-Martin de Fontaine-Guérin, diocèse d'Angers, qui était à la nomination du seigneur de ce lieu ; l'abbé avait seulement la collation du bénéfice.

TOURAINE.
Saint-Ours de Loches.

Ce prieuré fut fondé comme nous l'avons vu en 1043, par Geoffroy Martel, fils de Foulques Nerra, il avait son siége dans l'église même. Le prévôt de la collégiale devait héberger les religieux le jour de Saint-Ours. En 1678, ce droit fut remplacé par une rente de 12 livres, que la collégiale fit à l'abbaye. En 1731, cet usage cessa, le titre de prieur de Saint-Ours, devenu purement honorifique, fut concédé aux prieurs claustraux.

N. D. de Crouzilles.

Ce prieuré, situé dans l'église même, avait droit de basse justice sur les terres qui en dépendaient, et rendait un aveu au seigneur de la Roche, comme suzerain, qui percevait une rente de quinze livres à chaque mutation de prieur. L'église est du XII° siècle et voûtée, les transsepts sont du XVe, l'abside à cinq pans, également voûtée, a des arceaux dont les retombées sont décorées de statues qui paraissent romano-bysantines.

Ce prieuré fut fondé en 1067, par Étienne de Beauvais, second abbé de Beaulieu. Dans la suite il fut uni à la mense conventuelle, à qui il payait une rente annuelle de dix sols, à la Trinité.

Saint-Pierre de Belesmes.

Cette église fut donnée à l'abbaye par Foulques Nerra, lors de la fondation, mais ne devint prieuré qu'en 1184. Il était situé dans l'église, et le bénéfice valait 450 livres.

Saint-Laurent de Langeais.

Il était situé dans l'église et avait pour siége l'autel dédié à Sainte-Catherine, dont la chapelle est près la porte d'entrée. Le prieur avait la seigneurie du bourg et de presque toute la paroisse ; il jouissait, entre autres priviléges, de celui de faire baigner les nouveaux mariés le jour de la Saint-Médard, sauf contribution. Le bénéfice valait 450 livres. Réuni à la mense abbatiale, 1740, ses revenus passèrent au collége des Jésuites de Tours, avec la mense abbatiale de Saint-Julien, que Monseigneur Chapt de Rastignac, archevêque de Tours, y avait annexé comme successeur des abbés de ce monastère. L'église de Dierre est de différentes époques ; l'abside du XIIe siècle, la nef méridionale du XVIe, la nef septentrionale et le clocher du XVe. Cette église était primitivement la propriété du chapitre d'Orléans, qui la vendit (XIe siècle) à l'abbaye de Saint-Julien de Tours, qui la céda peu après à l'abbaye de

St-Médard de Dierre.

Beaulieu, en stipulant la convention que nous connaissons.

Saint-Jean-Baptiste de la Jarrye

N'était qu'une simple chapelle, située sur la paroisse de Saint-Quentin-sur-Indrois, où l'on disait la messe les jours de fête. Ce bénéfice valant 120 livres, fut concédé en 1665, à l'abbaye de Tiron, diocèse de Chartres.

MAINE.
Saint-Cyr et Sainte-Julie de Mouthon.

Ce prieuré, situé près Pontleroy dans le Bas-Maine, n'avait pas de chapelle particulière, les offices se célébraient dans l'église paroissiale. Le bénéfice valait 300 livres.

ANJOU.
Saint-Martin de Fontaine-Guérin.

Ce prieuré n'avait pas de chapelle particulière, et devait trois messes par semaine en l'église de Beaufort-en-Vallée, distante d'une lieue, pour ce droit il payait deux sols à l'évêque d'Angers et 50 sols à l'archi-diacre de la même église, le jour de Saint-Luc. La nomination des prieurs était aux seigneurs de ce lieu, et l'abbé de Beaulieu n'avait que la collation du bénéfice valant 430 livres.

Saint-Pierre de Seronnes.

Fondé en 1009 par Foulques Nerra, ce prieuré était situé proche l'église de Notre-Dame de Seronnes. La chapelle de ce prieuré est détruite depuis longtemps. Le prieur devait foi et hommage au baron de Châteauneuf, seigneur du lieu, qui, en revanche, lui fournissait une grange pour mettre ses dîmes, qu'il partageait avec lui, et avait droit à une coupe de bois dans la forêt de Latay. Dans l'origine, le bénéfice valait 900 livres ; il avait beaucoup diminué dans la suite.

Ce prieuré fut fondé en 1041, par Hildegarde, comtesse d'Anjou, et uni par la fondatrice à la Pitancerie de l'abbaye. Les offices se dirent dans la chapelle de ce prieuré, d'abord conventuel, dont les vestiges attestent l'ancienne splendeur, puis dans l'église de Saint-Pierre de Mazé, paroisse dont il dépendait. Le bénéfice valait 365 livres. **Saint-Benoît de la Roche-aux-Moines.**

Ce prieuré, situé paroisse de la Salle, proche Valençay, uni à la Chambrerie, payait au titulaire une rente annuelle de 40 sols. Dépendant autrefois de l'abbaye de Pontleroy, réuni dans la suite à Beaulieu, la nomination de curé était à la nomination de l'abbé de Villeloin. Le bénéfice valait 350 livres. **BERRY. St-Pierre de Meusne.**

Ce n'était qu'une simple chapelle, située paroisse de Faverolles. Ce prieuré, uni à la Pitancerie, valait 100 livres. **Saint-Gilles de Mossay.**

Situé dans la paroisse de Pronde, sur un étang, avait une chapelle particulière, où l'on disait la messe deux fois par semaine. Le bénéfice valait 600 livres. **AUVERGNE. Saint-Martin de Pérol.**

Donné en 1681 à l'abbaye de Beaulieu, par Dom Bry, sacristain et prieur de l'abbaye, ce prieuré était situé près d'Usey. Possédé peu de temps, à cause de l'éloignement et de la difficulté de l'administration, le monastère le vendit pour 200 livres annuelles de rente, à l'abbaye de Notre-Dame de Rochefort-lez-Villeneuve, diocèse d'Avignon, en 1700. Avant, le bénéfice valait 450 livres. **LANGUEDOC. Notre-Dame de Laval.**

Collége de Beaulieu.

La fondation et l'origine de ce collége nous est inconnue. Tout ce qu'on sait, c'est qu'avant l'année 1575, les abbés payaient une rente annuelle de 100 livres, pour y enseigner la rhétorique et les sciences sacrées. Deux régents en avaient la direction. A cette époque, Martin Youré, fonda celui de Loches et voulut y réunir le revenu de celui de Beaulieu. Les abbés y consentirent, et passèrent une convention avec Martin Youré, prieur de la collégiale de Loches, qui l'autorisa à nommer le principal et les régents. Cet état de choses dura jusqu'en 1664, époque où les Barnabites prirent la direction de cet établissement.

Offices claustraux.

1° La Pitancerie avait les revenus des prieurés de Saint-Benoît de la Roche-aux-Moines, et de celui de Saint-Gilles de Moussay.

2° La Chambrerie avait le prieuré de Saint-Jacques et Saint-Philippe de Meusne. Le dignitaire nommait à ce bénéfice ;

3° La mense conventuelle avait le prieuré de Saint-Pierre de Balesmes ; elle fut réunie avec le prieuré de Saint-Médard de Dierre au collége des Jésuites de Tours, en 1740, par Monseigneur Chapt de Rastignac, archevêque de cette ville ;

4° La Chapellenie fut unie à la mense conventuelle lors de l'introduction de la congrégation de Saint-Maur, 1663;

5° La Sacristie;

6° L'Aumônerie;

7° L'Infirmerie;

8° Le petit Couvent.

———

Bénéfices.

Les cures des églises de Beaulieu étaient au nombre de trois :

1° Saint-Pierre, érigée en paroisse en 1212. Le bénéfice valait 700 livres;

2° Saint-André, bâtie au XIII° siècle, eut un curé en 1212, mais la chapelle ne fut érigée en paroisse qu'en 1275. Le bénéfice valait 550 livres;

3° Saint-Laurent, érigée en paroisse en 1239. Le bénéfice valait 400 livres;

4° Les cures des prieurés de Touraine relevaient tous de l'abbaye, à l'exception de Saint-Médard de Dierre, dont la nomination appartenait à l'abbé de Saint-Julien, comme seigneur du lieu;

5° L'église de Saint-Simon de Cléré, à la nomination du chapitre d'Angers;

6° L'église de Sainte-Magdeleine de la Haye, à la nomination de l'archidiacre de Tours;

7° L'église de Saint-Leubasse de Sennevières était unie à la cure;

8° Les églises de Notre-Dame de Vimont, de Saint-Pierre de Déols, de Saint-Luc de Massay, de Saint-Pierre de Velsevo, de Saint-Pierre de Varennes, donnaient aux titulaires des bénéfices plus ou moins considérables.

Fiefs & possessions de l'abbaye.

Je termine mon travail en mettant sous les yeux du lecteur la liste des possessions de l'abbaye, que je fais suivre de l'évaluation attribuée à chaque fief.

1° La Tour Chevalon, vieux manoir, siége d'un fief nommé Mazère, située dans le faubourg de Beaulieu, valait 9 livres 15 sols ;

2° Le Calliau, fief situé sur le Cher, avec un beau château, valait 3 livres ;

3° Saint-Senoch, paroisse de ce nom, valait 37 sols 6 deniers tournois ;

4° La Grange-l'Abbé, paroisse de Saint-Ours de Loches, valait 20 livres ;

5° Le Pitancier, fief qui s'étendait sur les paroisses de Pérusson, Saint-Quentin et Beaulieu, devait une redevance de 28 boisseaux de blé, 15 chapons et 10 poulets ;

6° L'Aumônerie, paroisse de Saint-Pierre de Beaulieu, valait 10 sols et un chapon ;

7° Chambourg, paroisse de ce nom, devait une redevance de 3 setiers d'avoine, 46 boisseaux de blé-froment, 12 de seigle et 66 d'orge et d'avoine ;

8° Le Mage, commune de Ceré, devait 3 setiers de froment, 3 d'avoine, 10 poulets et 5 sols. Dans la suite, ces trois derniers fiefs furent convertis en une rente annuelle de 10 livres ;

9° Viché avait une dépendance de 90 arpents, valait 10 livres et 8 setiers de froment ;

10° La Touche, s'étendant sur les paroisses de Pérusson, Sennevières, Beaulieu, Loches, Saint-Jean-sur-Indre, Dolus, Chambourg et Luzillé, valait 44 boisseaux de froment, 12 d'orge, 6 d'avoine, 7 chapons, 3 poules. Ce fief était uni à la sacristie ;

11° Moussay, dans l'origine dépendait de la Chambrerie, mais en 1711 il fut uni au prieuré de Seronnes, diocèse d'Angers ; valait 40 livres ;

12° L'Infirmerie s'étendait sur les paroisses de Pérusson, Beaulieu, Loches ; la dîme relevait du seigneur du Plessis Savary, à qui l'abbaye payait pour ce droit 12 deniers ;

13° Le Portail, commune de Pérusson, relevait de la châtellenie de la Sarpillière, devait à l'abbé de Beaulieu, comme seigneur du fief, 20 boisseaux de blé, au monastère 124 boisseaux, payables à la Saint-Michel ;

14° La Bouteillerie relevait de la même seigneurie ; elle était comprise dans la rente que le fief précédent payait à l'abbaye ;

15° La seigneurie de Tressort, donnée par Foulques Nerra, située paroisse de Dolus, relevait de la châtellenie de Trion, dépendant de la mense abbatiale, bénéfice de l'abbé de Beaulieu ;

Le Plessis-le-Comte, situé paroisse de Saint-Branchs, uni à la mense abbatiale, relevait de la châtellenie de Trion ;

17° La seigneurie de Chandoiseau, connue sous le nom de la Paille, située paroisse de Saint-André-de-Beaulieu ;

18° La seigneurie et le château de Beauregard, situés paroisse de Ferrières-sous-Beaulieu, avait une dépendance de 50 arpents ;

19° La seigneurie de Chavigny, située paroisse de Chambourg, avait une étendue de 60 arpents ;

20° La seigneurie de Baigneux, connue aussi sous le nom de la Gagnée, relevait au spirituel de la juridiction de l'archevêque de Tours, et pour le temporel de l'abbaye de Beaulieu ; elle était située commune de Barrou. L'abbaye la vendit, en 1736, 78,000 livres, au sieur François Balthasar, d'Angers, fermier général. Le bénéfice valait 3,600 livres.

21° Le moulin dit de Saint-André, valant 40 livres, dépendait du bénéfice de l'abbé ;

22° Beaulieu possédait autrefois une maladrerie, détruite depuis longtemps, et affermait au XVIII° siècle un grand nombre de moulins et de fours banaux dont elle tirait des revenus assez importants.

FIN.

TOURS. IMP. MAZEREAU.

www.ingramcontent.com/pod-product-compliance
Lightning Source LLC
Chambersburg PA
CBHW071431030726
47594CB00006B/2671